DUFTENDE KRÄUTER

·MALCOLM HILLIER·

FLECHSIG

EIN DORLING KINDERSLEY BUCH
ORIGINALUCH:
THE LITTLE SCENTED LIBRARY: FRAGRANT HERBS
ÜBERSETZUNG:
ANNETTE ROELLENBLECK

DRUCK UND VERARBEITUNG:
OFFIZIN ANDERSEN NEXÖ, LEIPZIG
PRINTED IN GERMANY

ISBN 3-88189-530-2

INHALT

EINFÜHRUNG

Gerade in den letzten Jahren hat das Interesse an den wohltuenden Eigenschaften der Kräuter eine bemerkenswerte Zunahme erfahren. Das Wissen um Würze, Wohlgeruch und Heilkraft der aromatischen Blüten und Blätter ist so alt wie die Menschheit; schon die frühen Hochkulturen besaßen darüber umfangreiche Kenntnisse, die zum Teil sogar schriftlich überliefert sind, und eine duftende Spur zieht sich durch die Jahrtausende bis in unsere Zeit.

Die meisten gebräuchlichen Kräuterpflanzen gedeihen gut in gemäßigtem Klima mit warmen, trockenen Sommern und milden Wintern. Zwar ist die Auswahl, die Lebensmittelläden und Gärtnereien bereithalten, beachtlich, es lohnt sich aber in jedem Fall, in einer sonnigen Ecke des Gartens ein Kräuterbeet anzulegen oder sie in Töpfen auf dem Balkon oder Fensterbrett selbst zu ziehen, denn Würzkraft und Geschmack sind natürlich um so intensiver, je frischer man die Pflanzen verwendet.

Ob nun gekauft oder selbst gezogen – erfreuen Sie sich mit Hilfe unserer Vorschläge an der aromatischen Würze, den hinreißenden Düften und den wohltuenden Heilkräften.

BLÜTEN

Viele Kräuterpflanzen schmücken sich mit Blüten, die nicht nur dekorativ, sondern auch eßbar sind. So entwickeln z. B. Kapuzinerkresse, Schnittlauch, Indianernessel und Ringelblume wohlschmeckende Blüten, die aparte und farbenprächtige Zutaten für Salate abgeben.

Jerusalemsalbei *Blätter und Blüten duften streng und intensiv*

Gamander *rosa Blüten mit würzigem Aroma*

Kapuzinerkresse *blüht farbenprächtig in Gelb- und Orangetönen*

Oregano *angenehm würziger aromatischer Duft*

Heiligenkraut *fremdartiges, scharfbitteres Aroma*

Borretsch *riecht intensiv nach Gurke*

Blaublühender Salbei
leuchtendblaue, bittere Blüten

Indianernessel
schweres orientalisches Aroma

Wegwarte
zartbittere, eßbare Blüten

Houttuynia
kleine cremefarbene Blüten

Schnittlauch
dekorative Blüten, frisches Zwiebelaroma

Ysop
balsamischer Duft

Myrte
zarte, nach Honig duftende Blüten

Kamille
strenges Aroma, heilkräftige Wirkung

Ringelblume
leuchtende Farben, pikanter Geschmack

BLÄTTER

Wir kennen eine Vielzahl von Kräuterpflanzen, deren Blätter als duftende Aromaspender in der Küche sehr begehrt sind. Ihr Wohlgeruch ist aber auch anderweitig verwendbar, so zum Beispiel als interessante Bereicherung für Potpourrimischungen.

Zitronenstrauch
wunderbar intensiver Duft

Immortelle
riecht und schmeckt nach Curry

Schnittlauch
frisches Zwiebelaroma, köstlich in Salaten

Pfefferminze
erfrischend aromatisch, beliebt als Tee

Duftpelargonie
scharf und zitronig

Rotes Basilikum
kräftiges, köstliches Salatkraut

Zitronenthymian
duftet intensiv und würzig nach Zitrone

Sauerampfer
ähnelt Spinat, gut in Suppen und Salaten

Fenchel *süßlich-würzig, mit leichtem Anklang an Anis*

Rosmarin *sehr aromatisch*

Lorbeer *warmes, würziges Aroma*

Gartenmelde *köstlich in Salaten*

Estragon *unvergleichlich delikat, mit leichter Süße*

Panaschierter Salbei *strenges Aroma, gut für Fleischfüllungen*

Wacholder *aromatisch-harzige Beeren und Nadeln*

Petersilie *frisch und etwas bitter*

Dill *kümmelartiges Aroma, köstlich zu Fisch und Schalentieren*

Löwenzahn *frische Würze für Salate*

ANBAU

In unseren gemäßigten Breiten lassen sich die meisten Kräuter problemlos ziehen. Fast alle gedeihen nicht nur im Garten, sondern nehmen notfalls auch mit einem Blumentopf vorlieb. Geben Sie ihnen einen hellen, sonnigen Platz auf dem Balkon, in einem geschützten Innenhof oder auch auf dem Fensterbrett in Ihrer Küche. Sie brauchen vor allem viel Licht, nahrhaften Boden, gute Drainage, und im Sommer möchten sie ausgiebig gegossen werden.

IMMERGRÜNE KRÄUTER
Diese dekorative Gruppe immergrüner Kräuter besteht aus Lorbeer, Petersilie, Heiligenkraut, Zitronenpelargonie, Rosmarin und Thymian. Sie alle sind ausgesprochen aromatisch und in der Küche vielseitig verwendbar. Lorbeer paßt wunderbar zu Fleisch und Fisch, Petersilie ist die ideale Ergänzung für Kartoffeln und viele Gemüse. Die intensive Würze von Rosmarin und Thymian trägt zum Wohlgeschmack von Lamm-, Geflügel- und Wildgerichten bei, während Heiligenkraut dank seiner dekorativen und aromatischen Eigenschaften gern in Potpourris verwendet wird.

DUFTENDE GIRLANDEN

Duftende Girlanden aus getrockneten Kräutern sind eine zauberhafte Möglichkeit, deren natürliche Schönheit und köstlichen Duft zu bewahren. Zwar ist ihre Herstellung nicht ganz einfach, aber das Ergebnis lohnt mit Sicherheit die Zeit und die Mühe. Mein Favorit für Girlanden ist der Hopfen, denn er bildet hübsche Ranken, hat ein wirklich herrliches Aroma, und er läßt sich auch leicht trocknen. Hängen Sie Ihre Girlande möglichst immer so auf, daß sie vor Beschädigungen sicher ist; viele getrocknete Kräuter sind sehr empfindlich und zerfallen leicht, wenn man sie berührt.

Rustikale Kräutergirlande

Bündel von Knoblauchknollen, leuchtendroten Chilischoten, getrocknetem Salbei, Dill und blühendem Majoran hängen an einem Seil zwischen getrockneten Hopfenblüten. Behandeln Sie sie vorsichtig, und der prachtvolle Anblick erfreut Sie viele Monate lang.

Heilmittel

In den letzten Jahren ist das Interesse an den medizinischen und therapeutischen Eigenschaften von Kräutern neu erwacht. Mit natürlichen Heil- und Stärkungsmitteln lassen sich lästige Beschwerden wie Kopfweh, Verdauungsstörungen, Erkältungen und Schlaflosigkeit wunderbar kurieren.

Grundrezept für Tinkturen

10 EL gehackte frische oder 5 EL getrocknete Kräuter mit 500 ml hochprozentigem Alkohol (Äthylalkohol oder Wodka) übergießen und gut verschlossen an einem kühlen Ort 2 bis 3 Wochen ziehen lassen, täglich schütteln.

Tinktur gegen Spannungszustände

Kamille und Lavendel lösen nervöse Spannungen. 10 Tropfen Tinktur in eine Tasse warmes Wasser geben und abends trinken.

Tinktur gegen Kopfschmerzen

Bei Kopfschmerzen 5 Tropfen Veilchen- und Thymiantinktur mit warmem Wasser einnehmen.

Erkältungssirup

Bei Erkältungsbeschwerden helfen 2 TL Dill- und Kamillensirup. Dill ist schlaffördernd, und Kamille wirkt abschwellend.

›DIGESTIF‹
1 TL Pfefferminz- oder Anissirup fördert die Verdauung.

HUSTENSIRUP
2 TL eines Sirups aus Echtem Eibisch und Huflattich lösen trockenen Husten.

HEILÖL
7 EL frische gehackte Kräuter – z. B. Sauerampfer, Kamille, Dill, Veilchen – mit 300 ml gutem Pflanzenöl übergießen und in einem fest verschlossenen Gefäß mindestens 2 Wochen an einem warmen, hellen Ort stehenlassen. Täglich schütteln und vor Gebrauch durchseihen.

GRUNDREZEPT FÜR SIRUP
2 EL getrocknete Kräuter mit 500 ml kochendem Wasser übergießen, durchseihen, und die Flüssigkeit mit 6 EL Zucker auf kleiner Flamme erhitzen, bis sich der Zucker auflöst; so lange weiterkochen, bis die Masse dicklich wird.

ÖL GEGEN HALSSCHMERZEN
2 TL Öl aus Sauerampfer, Veilchen und Honig wirken entzündungshemmend und schmerzlindernd.

POTPOURRI

Duftende Kräuter sind eine beliebte Zutat für Potpourris, denn sie verleihen ihnen ein warmes, würziges Aroma. Die Herstellung von Potpourri ist nicht schwierig: duftende getrocknete Blütenblätter mit getrockneten Kräutern und Gewürzen und ätherischen Ölen mischen, zur Fixierung des Duftes pulverisiertes Benzoeharz, gemahlene Iriswurzel oder Eichenmoos zufügen. Gut verschließen und sechs Wochen reifen lassen, täglich schütteln.

SOMMERMISCHUNG

Dieses goldene Sommerblumen-Potpourri besteht aus 500 ml Blütenblättern von Ringelblumen, 250 ml Rosenblütenblättern, 125 ml Echtem Eibisch, 6 EL Dill, 4 EL Schafgarbe und 2 TL pulverisiertem Benzoeharz.

COTTAGE-GARTEN

Je 250 ml Lavendelblüten, Majoran und Indianernessel-Blätter mit 4 Tropfen Bergamottöl ergeben eine Mischung von altmodischem Charme. Zum Fixieren 2 TL gemahlene Iriswurzel zufügen.

ROSENMISCHUNG

Eine Komposition aus 500 ml duftenden Rosenblütenblättern, 250 ml Rosmarinnadeln und 4 EL Pfefferkörnern, fixiert mit 2 TL gemahlener Iriswurzel.

DUFTKISSEN

Kleine, mit Potpourri gefüllte Kissen sind eine besonders dekorative Möglichkeit, den Wohlgeruch von Kräutern und Blüten in Ihren Räumen zu verbreiten. Geben Sie einfach eine Potpourrimischung Ihrer Wahl zur Kissenfüllung, und genießen Sie den feinen Duft.

WÜRZIGES AROMA

Dieses handgewebte Kissen in gedämpften Blau-, Rosa- und Ockertönen ist mit einem würzigen Potpourri gefüllt, zusammengestellt aus 250 ml gemischten duftenden Blütenblättern, 10 zerdrückten Kardamomkapseln, 2 EL zerdrückten Lorbeerblättern, der geriebenen Schale von 2 Orangen und 1 TL Weihrauch.

GESTREIFTES KISSEN

Ein Potpourri aus je 125 ml duftenden Rosenblütenblättern und Hopfenblüten, 4 EL Majoran, der geriebenen Schale von 2 Limetten sowie 1 TL zerdrückten Tonkabohnen ist die aromatische Füllung für dieses aparte Ikat-Kissen.

KARIERTES KISSEN

Dem rustikalen Charakter des rot-grünen Stoffes entspricht eine herb-frische Duftkomposition aus 250 ml Zitronenstrauchblättern, 2 EL Beifuß, 6 gemahlenen Nelken, fixiert mit 2 TL gemahlener Iriswurzel.

KOSMETIK

Schon seit der Antike werden aromatische Kräuter auch für die Schönheitspflege verwendet, wobei allerdings weniger ihr Duft als vielmehr ihre reinigende, erfrischende und feuchtigkeitsspendende Wirkung sehr begehrt ist.

REINIGUNGSMILCH

2 EL Lanolin mit 2 EL Bienenwachs schmelzen lassen. Je 2 EL warmes Mandelöl, Sojaöl, Rosenwasser und 4 EL Rosmarintinktur dazugeben. Die Mischung schlagen, bis sie dicklich wird, dann je 7 Tropfen Rosmarin- und Rosenöl zufügen.

ORANGENBLÜTEN-HONIG-GESICHTSREINIGER

Je 2 EL Kakaobutter und Bienenwachs schmelzen lassen und mit 2 EL warmem Mandelöl sowie 1 EL Honig mischen. Je 2 EL gemahlene Reiskörner und Orangenblütenwasser zufügen, schlagen, bis die Masse dicklich wird; 4 Tropfen Orangenblütenöl unterrühren.

Gesichtswasser

Dieses adstringierende Gesichtswasser riecht erfrischend nach Zitrone und Salbei. 4 EL frische Salbeiblätter in 4 EL Wodka eine Woche ziehen lassen, abgießen, 2 EL Zitronensaft und 1 EL Glyzerin zufügen. Mit destilliertem Wasser verdünnen und gut verschlossen aufbewahren.

Grundrezept für Feuchtigkeitscreme

Je 2 EL Kakaobutter und Lanolin unter ständigem Rühren schmelzen lassen. 5 EL Kräuter- oder Blütenöl und 1 TL Weizenkeimöl erwärmen und hinzufügen. Abkühlen lassen, 3 EL einer Kräutertinktur und 1 EL Glyzerin gründlich unterrühren. Gut verschlossen aufbewahren.

Thymian-Avocado-Creme

Feuchtigkeitscreme mit Avocadoöl und Thymiantinktur ist eine Wohltat besonders für trockene Haut.

Ringelblumen-Eibisch-Creme

Ringelblumenöl und Eibischtinktur verleihen Ihrer Haut ein strahlendes Aussehen.

DUFTKERZEN

Kerzen tauchen jeden Raum in weiches Licht und schaffen eine intime, romantische Atmosphäre – zumal, wenn Sie beim Abbrennen die Luft mit einem betörenden Duft erfüllen. Duftkerzen können Sie sehr einfach herstellen, indem Sie dem flüssigen Wachs einige Tropfen Duftöl zufügen, bevor Sie es in die Kerzenform gießen.

KRÄUTER-KERZE
Ein alter Tontopf mit einer hübschen Halskrause aus getrockneten Kräutern dient als Halter für eine nach Jasmin duftende Kerze. Die Halskrause besteht aus kleinen Kräuterbündeln, die auf den Außenrand des Topfes geklebt wurden.

WINDLICHTER

Verstopfen Sie zunächst das Drainageloch eines ca. 10 cm hohen Tontopfes. Befestigen Sie einen Docht an einem Holzstab, den Sie quer über den Topfrand legen. Unter ständigem Rühren 650 g Paraffin schmelzen lassen und auf 70 °C erhitzen. 5 Tropfen ätherisches Öl dazugeben, das Wachs in den Blumentopf füllen, fest werden lassen, den Docht auf 1 cm Länge kürzen.

DEKORATIVE KERZEN

Getrocknete Blüten sind eine aparte Dekoration für Kerzen. Die zarten Blütenblätter haften ganz leicht, wenn Sie mit einem erwärmten Löffelstiel darüberreiben.

KRÄUTERSCHMUCK

Ein rustikaler Korb voller getrockneter Kräuter, in der Küche, im Wohnzimmer oder in der Diele plaziert, ist eine wahre Augenweide, und sein Duft erfreut Sie lange Zeit. Am schönsten ist ein solches Arrangement, wenn es möglichst natürlich und wie ein Produkt des Zufalls wirkt.

DUFTENDER KORB

Die Basis dieses intensiv duftenden Arrangements ist ein flacher Korb, ausgelegt mit Trockensteckmasse, in die kleine Bündel von getrockneten Kräutern gesteckt werden. Falls die Stiele zu kurz sind, die Bündel mit Draht umwickeln, der als Verlängerung dient. Eine Mischung aus Kräutern mit dekorativen Blättern und Blüten verleiht dem Arrangement eine herrliche Palette gedämpfter Farbtöne. Es enthält Salbei, Lavendel, Majoran, Rosmarin, Fenchel, Estragon, Oregano und Geißraute. Wie alle Trockengestecke sollte auch dieser Korb so aufgehängt werden, daß er vor zufälliger Beschädigung sicher und nicht dem direkten Sonnenlicht ausgesetzt ist.

DUFTWÄSSER & SEIFEN

Die Herstellung von Duftwässern, parfümierten Seifen und Badesalzen mit aromatischen Blüten und Kräutern ist eine jahrhundertealte Kunst. Viele dieser Toilettenartikel können Sie ganz einfach selbst machen, und in schönen Gefäßen aufbewahrt sind sie eine Zierde für jedes Badezimmer.

GRUNDREZEPT FÜR DUFTWASSER

12 EL gehackte frische oder 6 EL getrocknete Kräuter mit 500 ml kochendem Wasser überbrühen, abkühlen lassen, durchseihen und mit 100 ml Äthylalkohol oder 150 ml Wodka mischen. 10 Tropfen eines aromatischen ätherischen Öls zufügen, kühl und gut verschlossen aufbewahren.

LORBEERWASSER

Belebend für Ihre Haut ist das Duftwasser mit Lorbeerblättern, Zitronenöl und Zitronenpelargonienöl.

KAMILLENWASSER

Dieses fein parfümierte Duftwasser kann auch als schonender Hautreiniger verwendet werden. Es enthält Kamillenblüten, Bergamottöl und Rosenöl.

ORANGENBLÜTENWASSER

Den zarten Duft von Orangenblüten und Orangenöl verströmt dieses Toilettenwasser.

BADESALZ

1 kg Bittersalz mit 7 EL frischen Ringelblumen-Blütenblättern und 12 Tropfen Kiefernöl mischen. Eine Woche ziehen lassen.

GRUNDREZEPT FÜR SEIFE

75 ml eines Kräuteraufgusses mit 30 ml Zitrussaft und 125 g zerkleinerter, farbloser und unparfümierter Seife erhitzen. Etwas abkühlen lassen und je 1 EL gehackte frische Kräuter und Hafermehl sowie 5 Tropfen ätherisches Öl zufügen. Formen, 1 Tag ruhenlassen, in Seidenpapier gewickelt 4 Wochen reifen lassen.

JASMINSEIFE

Hier verbinden sich betörender Jasminduft und frisches Zitronenaroma zu einer aparten Komposition.

ROSMARINSEIFE

Diese Duftseife enthält Rosmarin und Limettensaft.

LINDENBLÜTENSEIFE

Lindenblüten, Grapefruitsaft und Goldlacköl verleihen dieser Seife ihr süßes, schweres Aroma.

DUFTSÄCKCHEN

Kleine Säckchen mit Kräutern, Blüten und Gewürzen in Schubladen und Kleiderschränken verleihen Ihrer Wäsche einen zarten Duft und halten gleichzeitig Motten fern. Füllen Sie ein quadratisches Stückchen Stoff mit den Zutaten Ihrer Wahl, und verschließen Sie es mit einer hübschen Schleife.

ROSEN & ROSMARIN

Ein Duftsäckchen, das sich gut für Wäscheschubladen eignet, enthält je 3 EL Rosmarin und Rosenblütenblätter sowie ½ TL pulverisiertes Benzoeharz.

OREGANO & MINZE

Die Füllung dieses Säckchens besteht aus je 3 EL Oregano und Minzeblättern sowie ½ TL gemahlener Iriswurzel.

HEILIGENKRAUT

Ein ausgezeichnetes Mittel gegen Motten ist Heiligenkraut. Mischen Sie 3 EL davon mit der gleichen Menge duftender Blütenblätter nach Wahl; mit ½ TL gemahlener Iriswurzel fixieren.

LAVENDEL & INDIANERNESSEL

Ein Duftsäckchen für den Kleiderschrank, gefüllt mit je 3 EL Indianernessel und Lavendel sowie ½ TL Benzoeharz.

MAJORAN & THYMIAN

Ein praktisches Säckchen zum Aufhängen; es enthält je 3 EL Thymian und Majoran sowie ½ TL Eichenmoos.

KOCHEN & BACKEN

Überall auf der Welt werden Kräuter seit jeher verwendet, um den Wohlgeschmack von Speisen zu verstärken, und das Wissen um die nützlichen Eigenschaften der aromatischen Blätter und Blüten erfreut sich auch bei uns seit einiger Zeit wieder wachsender Beliebtheit.

BOUQUET GARNI
Die klassische Version enthält Petersilienstengel, 1-2 Thymianzweige und Lorbeerblätter, die zu einem Sträußchen gebunden oder in Musselin gewickelt werden.

KRÄUTERBUTTER

Diese bunten Aufstriche sind eine köstliche Ergänzung zu Brot und Brötchen. Eine Mischung feingehackter Kräuter – Schnittlauch, Estragon, Dill, Kapuzinerkresseblüten, Salbei – einfach mit guter Butter vermischen.

KRÄUTERBRÖTCHEN

450 g Vollkornmehl, 2 TL Salz und 4 EL gehackte frische Kräuter in eine Schüssel geben. 300 ml Wasser mit 2 TL Zucker und 2 EL Olivenöl erwärmen, 20 g frische Hefe darin auflösen, zum Mehl geben und gut durchkneten. 1 Stunde gehen lassen, nochmals durchkneten. 16 Brötchen formen, zugedeckt weitere 20 Minuten gehen lassen. Mit Eigelb bestreichen und mit Kräutern und Gewürzen bestreuen. Bei 200 °C 30 Min. backen.

EINGEMACHTES

Konserven aller Art kann man mit aromatischen Kräutern eine besondere Note verleihen: Sie machen ein einfaches Gelee pikanter, mildern die Säure eingelegter Gemüse oder liefern eine exotische Komponente für fruchtige Chutneys.

TOMATENCHUTNEY

450 g Zwiebeln und 3 Knoblauchzehen andünsten. Je 1 TL Chili- und Nelkenpulver, 2 EL Senfkörner, 2 kg geschälte, gehackte Tomaten, 350 g Zucker, 400 ml Weinessig, 30 gehackte Basilikumblätter und Salz zufügen, 50 Minuten köcheln lassen. In Gläser füllen, gut verschließen und 2 Monate durchziehen lassen.

SÜSS-SAURES GEMÜSE

2 kg Gemüse (Silberzwiebeln, Karotten, Paprikaschoten) putzen und kleinschneiden, mit 100 g Salz bestreuen. 24 Stunden ziehen lassen, abspülen und abtropfen. Schichtweise mit Dillzweigen und Pfefferkörnern in Gläser füllen. 4 EL Zucker in 1 l heißem Weißweinessig auflösen, abgekühlt über das Gemüse gießen. Gut verschlossen 6 Wochen durchziehen lassen.

APFELSAUCE

650 g Zucker in 1 l heißem Apfelessig auflösen. 2 kg Kochäpfel (geschält und kleingeschnitten), 50 g in Scheiben geschnittenen frischen Ingwer, 450 g kernlose Rosinen, 10 Rosmarinzweige und 1 EL Salz zugeben; köcheln lassen, bis die Masse dick wird. In Gläser füllen, 1 Monat durchziehen lassen.

MINZGELEE

900 g Kochäpfel schälen und kleinschneiden. Mit je 300 ml Wasser und Weinessig und dem Saft von 3 Limetten weichdünsten. In einem Gelierbeutel zwei Stunden abtropfen lassen. Die Flüssigkeit erhitzen, 1 kg Zucker und etwas Limettenschale zufügen; rühren, bis sich der Zucker aufgelöst hat, und sprudelnd kochen lassen, bis der Gelierprozeß einsetzt. 25 g gehackte Minzeblätter zufügen und 1 Minute weiterkochen. In Gläser füllen und gut verschließen.

ESSIG-GEMÜSE

2 kg Gemüse vorbereiten (geschälte ganze Tomaten, Blumenkohlröschen, rote Paprikaschoten), mit Salz bestreut 24 Stunden ziehen lassen. Gut abspülen und abtropfen lassen. Mit einigen Salbeizweigen in Gläser füllen, erhitzten, aber nicht kochenden Sherryessig aufgießen, fest verschlossen 6 Wochen durchziehen lassen.

ROSENKONFITÜRE

Dieses Rezept stammt ursprünglich aus dem Orient, wo Rosenwasser seit jeher gerne zur Herstellung von Süßspeisen und Gebäck verwendet wird. Für die Rosenkonfitüre 1 l duftende Rosenblütenblätter mit 300 ml kochendem Wasser überbrühen, nach 2 Minuten abseihen, gut ausdrücken und wegwerfen. Das Rosenwasser mit dem Saft von 2 Zitronen, 450 g Gelierzucker und 500 ml frischen Rosenblütenblättern kochen, bis die Flüssigkeit zu gelieren beginnt. In Gläser füllen und fest verschließen.

Sommer-Bowle

Eeine fruchtige Bowle, aromatisiert mit duftenden Kräutern und mit eßbaren Blüten garniert, ist auf jedem Sommerfest eine willkommene Erfrischung. Bowlen enthalten in der Regel Wein oder Sekt, aber alkoholfreie Zutaten wie Mineralwasser, Obstsäfte und Tee sind an heißen Sommertagen weitaus bekömmlicher.

Fruchtige Minzbowle

1 l roten Grapefruitsaft mit 4 EL Zucker erhitzen, bis sich der Zucker aufgelöst hat. Ca. 40 Minzeblätter zufügen und über Nacht ziehen lassen. Die Flüssigkeit durchseihen und je 1 l Rotwein und kräftigen Earl-Grey-Tee sowie den Saft von 3 Zitronen zugeben. Mindestens zwei Stunden an einem kühlen Ort ziehen lassen. Mit einer Auswahl eßbarer Blüten hübsch garnieren.

ESSIG & ÖL

Mit Kräutern aromatisierte Essige & Öle verleihen vielen Gerichten einen herzhaften, kräftigen Geschmack. Sie eignen sich besonders für Salate, Suppen und Saucen. Komponieren Sie Ihre eigenen Kräutermischungen, mit denen Sie Essig und Öl würzen.

DILLESSIG
Dieser Essig (links) verbindet die leichten, frischen Aromen von Dill und Anis; er ist köstlich in Fischsaucen und Salatdressings.

WACHOLDERESSIG
Der mit Rosmarin und Wacholdernadeln gewürzte Essig (rechts) verleiht Schmorgerichten eine besonders pikante Note.

ROSENESSIG

Rosenblütenblätter und Zitronenpelargonienblätter bilden die Grundlage für eine aparte Salatsauce. Verwenden Sie einen milden Essig, der das zarte Blütenaroma nicht übertönt.

GRUNDREZEPT

Die gereinigten und getrockneten Blätter, Blüten oder Samen in eine saubere Flasche füllen, mit gutem Weinessig bedecken, fest verschließen und an einem sonnigen, warmen Platz 2 bis 3 Wochen stehen lassen, gelegentlich durchschütteln – dann ist die aromatische Würze fertig.

Für Kräuteröl verfahren Sie analog, nur verwenden Sie in diesem Fall kaltgepreßtes Pflanzenöl.

WÜRZIGES ÖL

Olivenöl mit Pfefferkörnern, Thymian, Rosmarin und kleinen Chilischoten ansetzen.

DEKORATIONEN

Jedes gute Essen schmeckt gleich noch besser, wenn es hübsch angerichtet wird. Viele Speisen wirken mit Kräutern und Blüten verziert besonders appetitlich, vor allem, wenn Sie reizvolle Farbkombinationen zusammenstellen. Garnieren Sie für einen besonderen Anlaß doch einmal einen Blattsalat mit eßbaren Blüten, dekorieren Sie einen Kuchen mit gezuckerten Blütenblättern oder servieren Sie das Dessert in einer Schüssel aus Eis und Blütenblättern.

BUNTER SALAT

Mischen Sie einen Salat aus Zutaten mit unterschiedlichen Formen und Farben, z. B. Kopfsalat, Frisée, Paprikaschoten, Tomaten, und dekorieren Sie ihn mit den farbenprächtigen eßbaren Blüten von Kapuzinerkresse, Stiefmütterchen, Ringelblumen und Borretsch.

Eis-Schale

Sie benötigen zwei Schüsseln, von denen die eine ca. 2,5 cm weiter ist als die andere. Die größere Schüssel zur Hälfte mit Wasser füllen und die kleinere hineinsetzen. Mit einem Gewicht beschweren und beide Schüsseln dann mit Klebeband so verbinden, daß rundum ein Zwischenraum von ca. 2 cm entsteht. Blüten und Blätter ins Wasser gleiten lassen und zwischen den beiden Schüsseln arrangieren. Tieffrieren und in kaltem Wasser aus der Form lösen.

Diese dekorativen Eis-Schalen eignen sich besonders zum Servieren von Eiscreme, Obstsalat, eisgekühlten Suppen oder Bowlen. Sie sind ideal für besondere Gelegenheiten und machen großen Eindruck, obwohl Sie sehr leicht herzustellen sind. Wenn sie nach Gebrauch wieder in die Tiefkühltrube gestellt werden, können Sie sie sogar mehrfach verwenden.

Gezuckerte Blüten

Einzelne Blütenblätter oder ganze Blüten von Rosen, Primeln und Stiefmütterchen oder auch Obstblüten mit Eiweiß bestreichen. Dünn mit Puderzucker bestäuben und trocknen lassen. Die Blüten halten etwa 1 Woche.

REGISTER

DANKSAGUNG

Der Autor dankt Quentin Roake für seine Unterstützung, Rosemary Titterington von Idencroft Herbs sowie Osborne & Little.

Dank gilt auch Alastair Wardle, Veronique Rauch und Martin Breschinski. Die Randzeichnungen sind von Pauline Bayne.